W0329154

ESCAPE ROOM

FLUCHT AUS ...
DEM HAUS DER GEISTER

Konzeption und Text: Jens Schumacher, www.jensschumacher.eu
Illustration: Hauke Kock, www.haukekock.de

ISBN 978-3-8458-3979-0

www.arsedition.de

FSC
www.fsc.org
MIX
Papier aus verantwortungsvollen Quellen
FSC® C002795

SYMBOL	HINWEIS	X
	Die Zahlenwerte steigen nach einem festen Schema an. Wenn du es herausfindest, kennst du auch die nächste Zahl.	
	Das spiralförmige Zeichen verrät dir etwas über die Leserichtung der Buchstaben weiter rechts.	
	Fahre mit einem Bleistift jedes Kabel ab, bis du das intakte findest.	
	Mach dir eine Liste, welche Aussagen sich widersprechen und welche wahr sein könnten.	
	Nach jedem Vokal sind ein R sowie noch einmal der Vokal eingefügt. Streiche sie durch, um den Text normal zu lesen.	
	Nur fünf der sechs Personen zerstören nach jedem Anstoßen ihr Glas.	
	Gehe logisch vor: Bewege in Gedanken das Seil, das das Gitter hebt, in die richtige Richtung und setze die Bewegung bis zur Kurbel fort.	
	Lies nur die Buchstaben, über denen ein kleiner Punkt zu erkennen ist.	
	Nimm ein Lineal zur Hand und verbinde alle Punkte, die einen Pfeil zwischen sich haben, mit einem geraden Strich. An welchem Punkt kreuzen sich die letzten beiden Linien?	
	Welcher Schlüsselbart ähnelt denselben Ziffern wie der Umriss des Schlosses? Prüfe alle der Reihe nach und schließe die falschen aus.	
	Vergiss nicht, dass du auch aus den Stummeln deiner fünf selbst gemachten Kerzen noch einmal eine Kerze anfertigen kannst.	

Jens Schumacher

ESCAPE ROOM

FLUCHT AUS ...
DEM HAUS DER GEISTER

Illustriert von Hauke Kock

arsEdition

ACHTUNG

»FLUCHT AUS … dem Haus der Geister« ist kein Buch, wie du es kennst.

- **Unterschied Nummer 1**: In dieser Geschichte spielt niemand anderes als DU die Hauptrolle.
- **Unterschied Nummer 2**: Es ist völlig unklar, ob du die folgenden Ereignisse unbeschadet überstehst!

Neugierig geworden? Dann starte JETZT in dein Abenteuer!

RÄTSELSEITEN

Um aus dem Haus der Geister zu entkommen, musst du ein paar einfache Regeln beachten. Du beginnst mit dem Lesen am Anfang des Buches, blätterst ganz normal Seite für Seite um ... aber nicht lange! Schon bald wirst du auf knifflige Rätsel stoßen. Jedes davon ist mit einem eigenen Symbol versehen, einem kleinen Motiv wie diesem:

Die eigentliche Rätselaufgabe verbirgt sich jeweils zwischen zwei zusammenhängenden Buchseiten. Diese musst du auseinanderschneiden und die Aufgabe dort lösen, sonst kannst du dein Abenteuer nicht fortsetzen. Die richtige Antwort verrät dir, auf welcher Seite des Buches du weiterrätseln musst.

Wichtig: Zusammenhängende Seiten darfst du nur öffnen, wenn dich dieses Symbol dazu auffordert:

Kannst du mal ein Rätsel nicht lösen, hast du zwei Möglichkeiten: Die erste besteht darin, **Robby** um Rat zu fragen, deinen vierbeinigen Begleiter. Robby ist ein schwarzer Labradoodle und nebenbei der klügste Hund, den es gibt. Möchtest du seine Hilfe in Anspruch nehmen, schlag das Buch **ganz vorne** auf und lies den Tipp, der dort hinter dem Symbol des betreffenden Rätsels abgedruckt ist. (Mach in diesem Fall ein Kreuz in das Kästchen hinter den betreffenden Tipp.) Mit etwas Glück kannst du die Nuss nun knacken.

Klappt es immer noch nicht, musst du wohl oder übel in den sauren Apfel beißen und das Buch **ganz hinten** aufschlagen. Dort steht hinter jedem Rätselsymbol die Lösung der betreffenden Aufgabe. (Nutzt du eine dieser Hilfestellungen, mach im Kästchen hinter der jeweiligen Lösung ein Kreuz.)

Vorsicht: Deine Flucht aus dem Haus der Geister wird nur gelingen, wenn du beweist, dass du über genügend Grips verfügst. Hast du dir am Ende der Geschichte zu oft helfen lassen oder gar einen Großteil der Rätsel nicht selbst gelöst, besteht die Gefahr, dass diese Geschichte böse für dich ausgeht. Also zeig, was in dir steckt!

Aber nun genug der Vorrede – blättere um und starte dein Abenteuer auf **Seite 6**!

VORGESCHICHTE

»Das traust du dich nie!«
Die Worte von Bernhard »Bernie« Brock, seines Zeichens Klassengroßmaul und Angeber vor dem Herrn, hallen hinter deiner Stirn wider, während du auf der nächtlichen Straße einen Fuß vor den anderen setzt.
Deine Antwort ist dir noch ebenso gut in Erinnerung: *»Wetten, dass ich mich traue, B.B.?«*

PRIVATBESITZ
BETRETEN STRENGSTENS
VERBOTEN !

Im Nachhinein kannst du dich nicht mehr erinnern, wie das Pausengespräch auf dem Schulhof eigentlich auf das alte Harkensteyn-Anwesen gekommen ist. Klar, jeder Schüler kennt das »Haus der Geister« am Rand der Stadt. Schließlich fährt der Schulbus jeden Tag an der efeubewachsenen Mauer vorbei, die das Grundstück umschließt. Ein verschrobener Gelehrter namens Viktor von Harkensteyn soll einst dort gewohnt haben. Niemand hat ihn näher gekannt, niemand wusste, woran er hinter tagein, tagaus verschlossenen Fensterläden arbeitete. Eines Tages war er plötzlich verschwunden, worüber niemand wirklich traurig war. Als er auch nach Monaten nicht wieder auftauchte, versuchte die Stadt, das Anwesen zu vermieten – erfolglos. Es spuke in dem alten Gemäuer, hieß es.

Ein Makler, der das Haus ausmessen wollte, berichtete von unerklärlichen Geräuschen aus der Tiefe und erzählte von riesigen Kelleranlagen, in denen jemand – oder *etwas* – durch die Dunkelheit schlurfe. Ein Ehepaar, das das Anwesen beziehen wollte, verbrachte einmal zur Probe eine Nacht darin. Am folgenden Morgen gaben die beiden mit kreidebleichen Gesichtern den Mietvertrag zurück, ohne zu unterschreiben. Was sie in der Nacht gesehen oder gehört hatten, darüber verloren sie nie ein Wort.

»Fakt ist: Niemand, der halbwegs klar im Kopf ist, würde den alten Kasten bei Nacht betreten«, hatte Bernie Brock getönt.

Dir fiel nichts Besseres ein, als mit den Achseln zu zucken und auf cool zu machen: »Jeder weiß, dass es so was wie Geister nicht gibt. Was ist schon ein altes, leer stehendes Haus? *Ich* hätte kein Problem damit.«

»Du würdest ins Harkensteyn-Anwesen einsteigen? Bei Nacht?«, vergewisserte sich Bernie. »Das traust du dich nie!«
Tja … da war er, der folgenschwere Satz. Wenn du nämlich auf eine Sache allergisch reagierst, dann auf dümmliche Herausforderungen. Prompt bist du vor den Augen und Ohren eines halben Dutzends Mitschüler eine Wette mit Bernie eingegangen: dass du das alte Gemäuer besuchen wirst – allein, nachts. Als Beweis, dass du wirklich dort warst, sollst du ein Selfie im Innern aufnehmen. Kommst du mit dem Bild wohlbehalten zurück, will Bernie dir sein Tablet überlassen, das er vorige Woche zum Geburtstag bekommen hat. Traust du dich hingegen nicht oder schaffst du es nicht, ins Haus zu kommen, musst du Bernie deine obercoolen roten Sneaker abtreten, auf die er schon lange scharf ist.
All das hat sich gestern zugetragen, am Freitag. Natürlich bist du die Wette nicht ohne Hintergedanken eingegangen: Du wusstest, dass deine Eltern am Samstagmorgen zu einer Tante fahren und erst am Sonntagabend zurückkehren würden. *Die* Chance, ohne lange Erklärungen bei Nacht das Haus zu verlassen.
Gegen 23:00 Uhr hast du dir eine Taschenlampe mit frischen Batterien und dein voll geladenes Smartphone geschnappt und dich auf den Weg zu dem alten Haus gemacht. Robby, dein schwarzer Labradoodle, schien von Sinn und Zweck eurer

Expedition zwar nicht völlig überzeugt zu sein, aber er begleitete dich ohne Murren. Mittlerweile habt ihr die Stadtgrenze passiert, die letzten Wohnhäuser liegen hinter euch. Weder Fußgänger noch Autos sind um diese Zeit noch unterwegs. Der Mond steht voll und strahlend am Himmel.

»Keine Sorge, Robby«, versuchst du deinen vierbeinigen Begleiter zu beruhigen – oder eher dich selbst? »Wir steigen ein, machen ein Foto und hauen wieder ab. Total easy!«

Ein Stück voraus taucht die rund zwei Meter hohe Mauer auf, die das parkähnliche Grundstück umschließt. Du folgst ihr von der Straße fort und um eine Ecke. Dort stößt du auf ein mannshohes Gittertor. Es ist hoffnungslos verrostet und hängt schief in den Angeln. Die beiden Flügel werden von einer schweren Eisenkette zusammengehalten. Ein Schild besagt:

PRIVATBESITZ

BETRETEN STRENGSTENS VERBOTEN!

Du zögerst. Aber da flitzt Robby bereits mit wehenden Locken zwischen den schiefen Torhälften hindurch und verschwindet in der Dunkelheit. Für dich ist die Öffnung zu klein, daher kletterst du neben dem Tor am dichten Efeubewuchs der Mauer empor.

Ohne Mühe erreichst du den oberen Rand und lässt den Strahl der Taschenlampe über das dahinterliegende Gelände schweifen. Vor dir liegt ein riesiger, hoffnungslos

verwilderter Garten. Zäher Bodennebel schlängelt sich über das Gras. Etwa drei Steinwürfe entfernt erhebt sich ein massiger dunkler Umriss aus dem wattigen Weiß: ein altmodisches Landhaus mit unzähligen Erkern und Türmchen. Das Harkensteyn-Haus!
Rasch kletterst du auf der anderen Seite der Mauer zu Boden, wo Robby dich bereits erwartet. Durch hüfthohes Unkraut bahnt ihr euch einen Weg aufs Haus zu. Unvermittelt taucht eine mannsgroße, geflügelte Gestalt zwischen den Bäumen auf. Du reißt die Lampe hoch – und lachst erleichtert auf. Es ist nur eine von Efeu überwucherte Steinstatue. Wenn *das* alles ist, was das angebliche Spukhaus zu bieten hat, hast du deine Wette schon so gut wie gewonnen!
Die Eingangstür, die du nach kurzem Suchen findest, stellt sich als fast

drei Meter hohes Monstrum aus nachtschwarzem Holz am oberen Ende von vier schiefen Steinstufen heraus. Du versuchst erst gar nicht, sie zu öffnen. Garantiert ist sie ebenso verrammelt wie das Gittertor. Stattdessen umrundest du das Haus, auf der Suche nach einem anderen Weg hinein. Doch das ist leichter gesagt als getan: Alle Fenster im Erdgeschoss des alten Anwesens sind von außen mit massiven Brettern vernagelt, als hätte jemand großen Wert darauf gelegt, dass niemand ins Haus hineinkommen kann … oder heraus?

Just in diesem Moment schlägt in der Ferne eine Kirchturmuhr: Mitternacht … Geisterstunde! Na prima. Das hat dir gerade noch zum Glück gefehlt!

Durch wabernden Nebel kehrst du zurück zur Tür. Ohne viel Hoffnung erklimmst du die Stufen, drückst die schmiedeeiserne Klinke hinunter – und stößt einen Laut der

Überraschung aus, als die schwere Tür unter markerschütterndem Quietschen nach innen aufschwingt!
Was hat das zu bedeuten? Wieso ist das Haus unverschlossen?
Ein gedämpftes Winseln von Robby reißt dich aus deinen Gedanken. Recht hat er! Was schert dich, wieso die Tür offen ist? Du brauchst bloß ein Selfie von dir, und alles ist gut. Rein, *knips*, raus. Easy.
Wirklich?
Zögernd trittst du über die Schwelle. Der Strahl deiner Taschenlampe reißt eine große Eingangshalle aus der Finsternis. Die Möbel sind mit weißen Laken verhängt, eine ehemals grüne Samttapete hängt in Fetzen von den Wänden, dazwischen prangen düstere Ölgemälde. Am entfernten Ende führen zwei geschwungene Treppenaufgänge zu einer Empore im ersten Stock empor. In der Mitte dazwischen steht eine eingestaubte Ritterrüstung. Von einem kristallenen Kerzenleuchter baumeln meterlange Spinnweben wie Schleier bis fast zum Boden herab.
Eine Gänsehaut kriecht dir über den Rücken. Allmählich wird dir klar, woher die Gerüchte über den Spuk in diesem Gemäuer rühren. In so einer Kulisse fürchtet man sich auch ganz ohne gruselige …
Krrrrks!
Was war das?
Hektisch lässt du den Strahl deiner Lampe herumsausen. »Robby?«, flüsterst du gerade laut genug, um das wilde Pochen deines Herzens zu übertönen. »Warst du das?«
Doch der Labradoodle ist unschuldig. Er steht dicht neben dir und schnuppert an

einem verhängten Möbel. Dem Umriss nach könnte es sich um einen Ohrensessel mit weit ausladender Lehne handeln ... oder um eine riesenhafte Gestalt mit ausgebreiteten Armen.
»Los, komm! Suchen wir uns einen Platz für das Foto, und dann nichts wie raus hier!«
Holzdielen knarzen unter deinen Füßen, als du die Halle durchquerst. Welcher Ort ist der beste für ein Beweisfoto? Die Ritterrüstung? Das sollte selbst ein Großmaul wie Bernie Brock überzeugen.
Du hast den Blechanzug fast erreicht, als der Boden unter deinem rechten Fuß nachgibt, nur einen Millimeter. Ein Klicken ertönt. Im selben Moment machst du vor dir eine Bewegung aus – und glaubst, deinen Augen nicht zu trauen: Die Ritterrüstung bewegt sich! Wie in Zeitlupe schwenkt sie ihre lange Hellebarde in deine Richtung ...
Da gibt der Boden unter dir nach – und zwar diesmal richtig! Für einen Sekundenbruchteil hängst du in der leeren Luft, dann beginnst du zu fallen.
Dein Sturz endet abrupt und einigermaßen sanft auf einer nachgiebigen Oberfläche. Deine Taschenlampe hat weniger Glück: Sie geht ein Stück entfernt ungebremst zu Boden – ein Krachen und das Licht verlöscht. Mit einem überraschten Winseln plumpst etwas Pelziges auf deinen Bauch. Als Robby merkt, worauf er gelandet ist, schleckt er dir dankbar das Gesicht. Rasch vergewisserst du dich, dass du dir nichts

gebrochen hast, dann rappelst du dich hoch. Undurchdringliche Finsternis umgibt dich. Du zückst dein Smartphone und aktivierst die eingebaute Lampe. Das Licht ist viel schwächer als das der Taschenlampe, aber wenigstens kannst du dich jetzt orientieren.

Du befindest dich in einem unterirdischen Raum. Der Boden besteht aus festgestampfter Erde, die Mauern sind aus unregelmäßigen Steinen gefügt und mit etwas überzogen, das wie dicker, pelziger Schimmel aussieht – Salpeter. Die Luft riecht feucht und modrig.

Gut drei Meter über deinem Kopf, weit außerhalb deiner Reichweite, klafft eine rechteckige Öffnung in der Decke – eine Falltür. Darunter liegen mehrere alte, strohgefüllte Säcke auf dem Boden. Ein Glück, andernfalls hättest du dir beim Sturz alle Knochen brechen können.

»Ha…hallo?«, rufst du vorsichtig in Richtung der Falltür. »Ist da jemand?«

Keine Antwort.

Du erinnerst dich daran, was du eine Sekunde vor deinem Sturz gesehen zu haben glaubst. Dich schaudert. Hat sich die Ritterrüstung tatsächlich bewegt?

Was hat das alles zu bedeuten? Wer könnte ein Interesse daran haben, dich hier unten einzusperren? Stecken Bernie und seine Kumpels dahinter? Waren sie tagsüber schon hier und haben eine unliebsame Überraschung für dich vorbereitet? Oder ist das alte Landhaus vielleicht doch nicht so unbewohnt, wie du dachtest?

Am allerwichtigsten jedoch: Wie kommst du hier wieder heraus?

Ein Blick auf das Display deines Smartphones bestätigt dir, was du bereits befürchtet hattest: nicht die Spur von Empfang hier unten. Du musst dir also selbst helfen, andernfalls sind Robby und du dazu verdammt, in diesem Keller zu verhungern und zu verdursten.

Fünf finstere Tunnel führen aus dem Raum fort. Aus einem davon weht ein eisiger Luftzug heran

und streicht wie ein geisterhaft kalter Finger über dein Gesicht. Gegen deinen Willen musst du an das denken, was der Makler über die unterirdischen Anlagen des Hauses und ihre möglichen Bewohner gesagt hat. Eine Gänsehaut kriecht über deinen Rücken. Zögernd setzt du dich, gefolgt von Robby, in Bewegung …

TRENNE DIE NÄCHSTE DOPPELSEITE AUF!

Nach kurzer Zeit erreichst du eine Abzweigung, dann eine zweite. An der nächsten Kreuzung wird dir klar, dass dieses Kellergeschoss das reinste Labyrinth ist, eine Ansammlung von unzähligen Korridoren und kleinen Räumen. Tapfer marschierst du weiter, während du ein Stoßgebet zum Himmel sendest, dass der Akku deines Smartphones lange genug durchhalten möge.

In welchem Raum endet dein Weg?
Blättere zur entsprechenden Seitenzahl und lies dort weiter.

59
61
65
48
53
3
START
19
76
74
98
68
25
67
2
94
20
100
81
8
52
24
84
63
15
79
89
97
46
5
43
73
4
95
83
6
39
22
14
10
92
2
12
77
88
41
37
58
85
9
80
36
34
33
60
72
21
71
64
54
30
17
75
42
40
18
82
38
47
49
78
28
87
90
62
44
57
32
70
3
7
50
51
91
35
26
13
29
45
16
11
86
55
69
96
27
56
31

Als du die Zahl der benötigten Champagnergläser einstellst, fällt das geöffnete Schloss klappernd zu Boden. Aus einer Schublade besorgst du dir eine Gabel, biegst alle Zinken beiseite bis auf eine, und nach ein paar Minuten Stocherei hast du auch das Türschloss geknackt. Du ziehst die Türen auf …

… und stößt einen Schrei aus. Von wegen Gläser – im Schrank steht ein Skelett! Entsetzt weichst du zurück. Robby dagegen scheint überhaupt keine Angst zu haben. Interessiert schnüffelt er an den Knochenbeinen des Gerippes, als überlege er, ob er sich eins davon als Imbiss genehmigen soll. Das Skelett ist an einem Gestell befestigt und ähnelt grob einem Menschen. Die Knochen wirken allerdings massiver, die Haltung geduckter. Auch der Kopf sieht irgendwie fremdartig aus. Du leuchtest den Fuß des Gestells an. *»AUSTRALOPITHECUS, SÜDAFRIKA 1959«*, steht dort. Das sagt dir nichts. Dafür fällt dir auf, dass es hinter dem Knochenmann noch weitergeht – der Schrank hat keine Rückwand! In der Mauer dahinter gähnt die Mündung eines schmalen Kriechganges, der offenbar zwischen den Wänden der Zimmer hindurchführt. Skeptisch beäugst du das Display deines Smartphones. Der Akku hat nur noch zwölf Prozent Leistung! Lange wirst du das Handy nicht mehr als Taschenlampe verwenden können. Egal, noch ist es nicht so weit. Geduckt betrittst du den Gang und folgst ihm, bis du auf ein Hindernis stößt …

INK

Vor dir blockiert ein stählernes Gitter den Gang. Es ist an einem komplexen System aus Zahnrädern und Ketten befestigt, an dessen unterem Ende eine Kurbel sitzt. Du ahnst, dass die Kurbel, in die richtige Richtung gedreht, das Gitter anheben kann. Die andere Richtung dagegen … Du schaust nach oben. Über der Kurbel schwebt ein Amboss, gehalten von einem einzelnen dünnen Stahlseil. Es läuft durch einen geöffneten Bolzenschneider, der wiederum mit dem Seilzugsystem verbunden ist. Kurbelt man in die *falsche* Richtung, wird das Kabel durchtrennt, und das zentnerschwere Stahlgewicht fällt herab – auf die Person, die gerade die Kurbel betätigt!

In welche Richtung willst du die Kurbel drehen? Lies weiter auf der Seite mit dem entsprechenden Symbol.

»Krötenbein, Katzenauge, Rattenschwanz und Schlangenherz«?
Wer würde solche Ekelhaftigkeiten in Weckgläser packen und wozu? Als du das Regal vor dir erneut betrachtest, musst du allerdings feststellen, dass der frühere Bewohner dieses Hauses genau das getan hat: In den Gläsern schwimmen Teile der genannten Tiere!
»Dieser Harkensteyn muss Apotheker oder so was gewesen sein«, murmelst du leise. In Gedanken fügst du hinzu: *Oder ein Hexenmeister*!
In diesem Moment vernimmst du aus dem Gang, durch den du gekommen bist, ein Geräusch. Es klingt wie leise, schlurfende Schritte und scheint noch mehrere Gangbiegungen entfernt. *Können Ratten schlurfen?*, fragst du dich beunruhigt. Du ignorierst den Kloß, der sich sofort in deinem Hals bildet, und widmest dich rasch wieder dem Regal. Es *muss* einen Weg geben, hier rauszukommen!

45
85
22
62
12
80
16
76
30
38
8
39
24
60
66
54
37
70
56
78
28

Konzentriert starrst du die Reihen von Einmachgläsern an. Wie hieß es in der Botschaft auf dem Zettel? »Eins ist anders …«

Findest du heraus, welches der Gläser anders ist als die anderen? Wenn ja, lies weiter auf der Seite, die der Zahl auf dem Glas entspricht.

Als du die letzte der vier Code-Zahlen einstellst, klickt es im Innern des Schlosses hörbar. Nun lässt sich der Deckel der Kiste anheben! Neugierig leuchtest du hinein.

Die Truhe ist bis zum Rand gefüllt mit Papieren. Dicke Dokumentenbündel stecken in Pappordnern und sind mit Kordel oder Gummibändern umwickelt. Andere, offenbar ältere Schriftstücke sind aufgerollt und teilweise mit Wachssiegeln versehen. Manche wirken uralt, und mehr als eine Schriftrolle zerbröselt unter deinen Fingern, als du die Truhe vorsichtig durchsuchst. Die Schriftstücke, die du dir genauer anschaust, enthalten Notizen und Skizzen zu verschiedenen Tieren – allerdings keinen Tieren, wie du sie kennst. Die abgebildeten Kreaturen sehen aus, als wären sie einem Albtraum entsprungen: geflügelte Drachen, schuppige Seeungeheuer, haarige Affenmenschen … Das alles kann es doch nie im Leben geben, oder? *Oder?* Nicht zum ersten Mal fragst du dich schaudernd, welcher Beschäftigung der alte Viktor von Harkensteyn in diesen Mauern wohl nachgegangen ist – und wie dir dieser Wust von Papieren helfen soll, einen Weg hinaus zu finden.

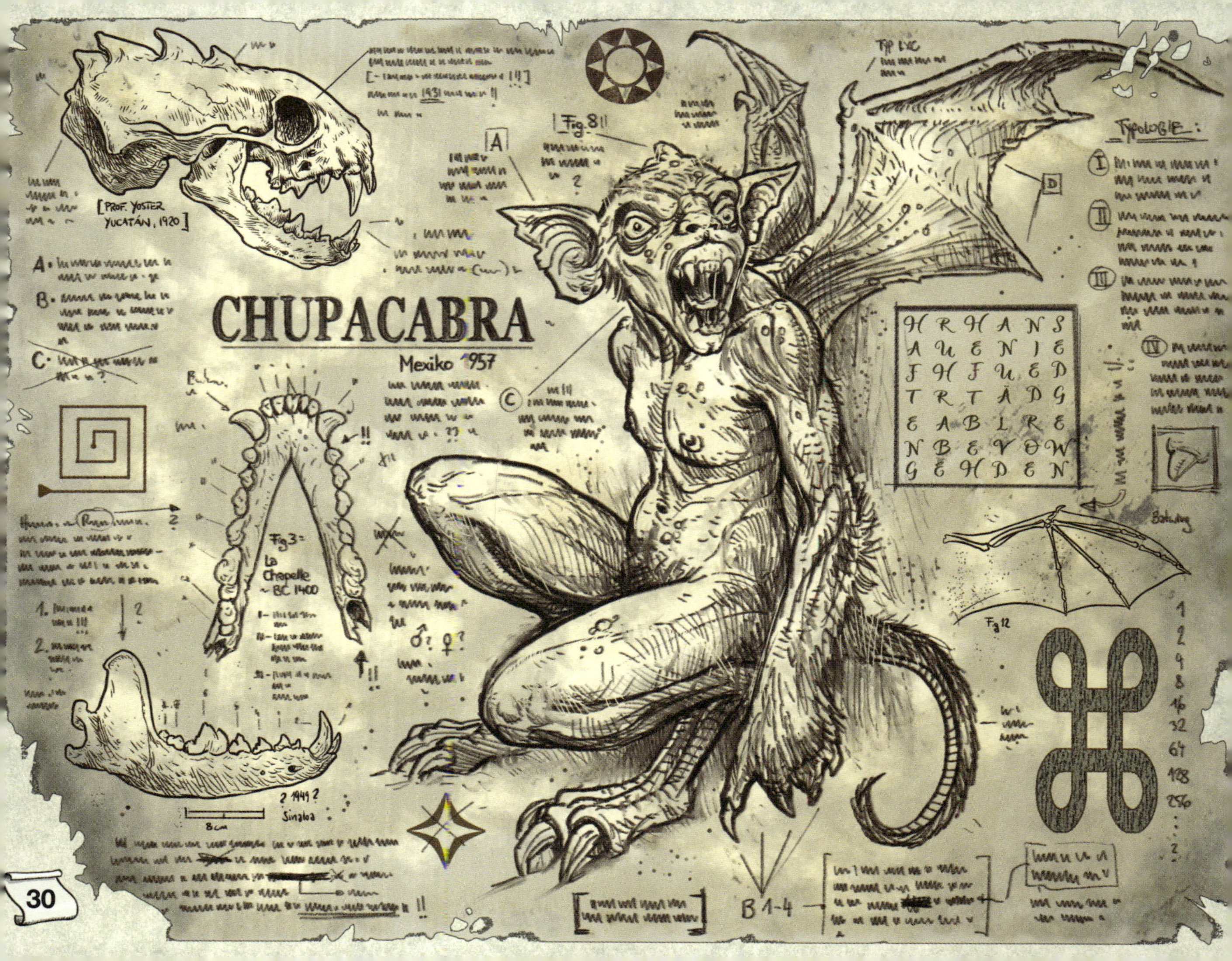
CHUPACABRA
Mexiko 1957
[PROF. YOSTER YUCATÁN, 1920]
A.
B.
C.
A
Fig. 8
C
D
Typologie:
I
II
III
IV
Fig3 =
La Chapelle
~ BC 1400
1.
2.
♂? ♀?
? 1949 ?
Sinaloa
8cm
Fig 12
H R H A N S
A U E N I E
F H F U E D
T R T Ä D G
E A B L R E
N B E V O W
G E H D E N
1
2
4
8
16
32
64
128
256
B 1-4

Im unteren Drittel der Truhe stößt du auf ein großformatiges Pergament. Es springt dir sofort ins Auge, denn ein nur leicht vergilbtes gelbes Post-it klebt daran, eindeutig das neueste Stück Papier in diesem Haufen. Du nimmst das Pergament heraus und betrachtest es.

Wirst du aus diesem Dokument schlau, lies weiter bei dem Symbol, das es dir verrät.

Die Kiste stellt sich als Truhe mit altmodischen Metallbeschlägen heraus. Sie wirkt solide, der Deckel ist fest verschlossen. Du suchst nach einem Schlüsselloch, doch es gibt keins. Stattdessen findest du etwas anderes: Auf der Vorderseite, neben dem Schließmechanismus, sind vier Metallwalzen mit eingeprägten Zahlen eingelassen. Sie erinnern ein bisschen an das Kombinationsschloss einer Fahrradkette. Möglicherweise lässt sich die Klappe öffnen, wenn man den korrekten Code eingibt?

9271
9373 — 9474 — 9576 — 9677 — 9779
0886
7 8 9
3 4 5
5 6 7
9 0 1
? ? ? ?

In den Metallrahmen, der die Walzen einfasst, sind Zahlen geprägt.

Wenn du weißt, welche vierstellige Zahlenfolge du mit den Walzen einstellen musst, bilde die Quersumme daraus und lies auf der entsprechenden Seite weiter.

Mit gerunzelter Stirn trittst du vor das einzige Riesenfass, bei dem der Hahn zum Abzapfen des Weins nicht am unteren Rand der Vorderseite angebracht ist. *Wieso sollte man den Hahn so weit oben einbauen?*, fragst du dich. So könnte man das Fass ja gar nicht bis zum Grund leeren. *Es sei denn … das ist in Wirklichkeit gar kein Fass!* Schon hast du dir die Axt geschnappt und schlägst mit aller Kraft auf die hölzerne Front des Fasses ein. Wenn du dich täuschst, wirst du gleich von oben bis unten mit Wein getränkt sein. Hast du dagegen recht …

BROCH! Das morsche alte Holz leistet der Axt kaum Widerstand. Schon klafft ein handbreiter Spalt darin – und kein Wein schießt daraus hervor! Du hackst weiter. Schnell zeigt sich, dass dein Verdacht berechtigt war: Das Fass ist völlig leer. Als du hineinleuchtest, siehst du, dass es der Tarnung eines Türdurchgangs dient, der in der Wand dahinter klafft. Eine schmale Steige spiralförmig in die Höhe führender Stufen ist dahinter zu erkennen.
Hinter dir erklingt erneut das geisterhafte Heulen. Mit einem ängstlichen Winseln flitzt Robby durch die Öffnung und die Treppe hinauf.
Du beeilst dich, ihm zu folgen.

A=1
4 5 18 3 15 4 5
12 1 21 20 5 20:
19 5 3 8 26 9 7

In engen Kurven windet sich die Treppe höher – doch schon nach wenigen Metern enden die Stufen vor einer Tür. Sie besteht aus irgendeinem Metall, möglicherweise Bronze, und wirkt massiv wie ein Panzer. Klinke oder Knauf gibt es nicht. Dafür sitzt in der Mitte ein handtellergroßes Rad mit Ziffern darauf, wie beim Zahlenschloss eines altmodischen Geldschranks. Im Licht deiner Lampe erkennst du die Zahlen eins bis hundert. Unmittelbar über dem Rad ist etwas eingraviert. Neben dem Drehrad klebt ein vergilbter Zettel an der Tür.

Kannst du den Zahlencode herausfinden, der die Tür öffnet, lies weiter auf der entsprechenden Seite.

TAGEBUCH
PROF. VIKTOR VON HARKENSTEYN

Der Teppich! Der Punkt, auf den die geheimnisvollen Zeilen verweisen, befindet sich unter dem mottenzerfressenen Teppich in der Mitte der Halle! Mit angehaltenem Atem rollst du den uralten, eingestaubten Lappen zusammen. Darunter kommt eine Klappe in den Bodendielen zum Vorschein, zu klein für eine Falltür. Du öffnest sie und stößt auf ein geheimes Fach. Ein dickes, in braunes Leder gebundenes Buch liegt darin. Mit goldener Farbe hat jemand daraufgeschrieben:

Tagebuch Prof. Viktor von Harkensteyn

So also war die Notiz auf dem Plan zu verstehen: Der ehemalige Hausherr hat hier eine Niederschrift seines Lebens versteckt. Der Dicke des Buches nach zu urteilen, reicht diese Chronik viele Jahre, vielleicht Jahrzehnte zurück. Ob darin etwas zu finden ist, das dir bei der Flucht helfen könnte?

Du versuchst, das Buch zu öffnen, doch es ist mit einer metallenen Spange verschlossen. Auf der Vorderseite besitzt sie ein kleines Schlüsselloch. Du bräuchtest einen Schlüssel. Da fällt dir ein, wo du erst vor Kurzem welche gesehen hast …
Du läufst zurück zur Ritterrüstung und entwindest ihrer metallenen Hand das Schlüsselbund. Daran baumeln sieben kleine Schlüssel. Sie hätten die richtige Größe … Ob einer davon das Schloss des Tagebuchs öffnen kann?

Wenn du den passenden Schlüssel findest, lies weiter auf der Seite, die seiner Nummer entspricht.

34
52
28
80

Nach einer kleinen Ewigkeit entdeckst du das einzige Buch, auf das die Beschreibung des geheimnisvollen Unbekannten zutrifft. Du ziehst es heraus – und machst vor Überraschung einen Satz rückwärts, als sich das Regal prompt in Bewegung setzt. Quietschend versinkt es im Boden und gibt den Blick frei auf eine weitere Geheimtür! Kurz fragst du dich, ob es tatsächlich noch 71 weitere Ausgänge aus diesem Raum gibt, wie die Botschaft behauptete. Doch für dich und Robby reicht schon dieser eine. Ihr tretet durch die Tür und folgt einer weiteren Treppe aufwärts.

Die Stufen enden an einer Klappe in der Decke, die den Boden des obersten Stockwerks markieren muss. Sie lässt sich aufdrücken. Du kletterst hindurch und schaust dich um.

Was du siehst, bestätigt deinen Verdacht: Du befindest dich in einem mit Gerümpel gefüllten Speicher, so riesig, dass dein Lichtstrahl nicht bis zum anderen Ende reicht. Die Bodenklappe, auf der du stehst, liegt am Ende eines länglichen Erkers. Unglücklicherweise ist der Holzboden zwischen dir und dem Hauptraum eingestürzt – es fehlt ein Stück, zu breit zum Hinüberspringen, und die Balkenreste auf beiden Seiten des Lochs sind zu schmal zum Drüberbalancieren.

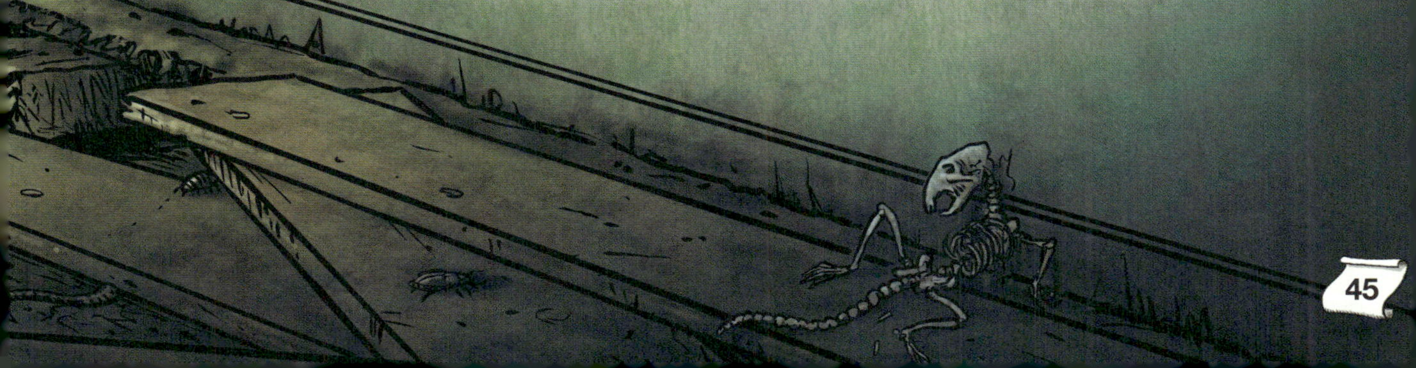

Neben dir lehnen mehrere Holzbretter an der Wand. Ein paar davon könnten lang genug sein, um quer über das gähnende Loch zu reichen. Wenn es dir gelänge, sie hintereinander von einem Rand der Öffnung zum anderen zu legen, könntest du den verbleibenden Abstand vielleicht überspringen.

Addiere die Nummern aller Bretter, die lang genug sind, um quer über die Öffnung zu reichen, und lies weiter bei der entsprechenden Seitenzahl.

35
51
29
40
26
17
33

Den Weg des Nahrhaften gehen? Was soll das nun wieder bedeuten? Nahrhaft kann eigentlich etwas zu essen sein. Nur gibt es hier oben nichts Essbares. Und wenn doch, wäre es schon vor Jahren verschimmelt oder von Ratten gefressen worden.

Während du noch grübelst, wetzt Robby zwischen Kisten und Gerümpel hindurch davon. Du beeilst dich, ihm zu folgen. Am anderen Ende des Speichers holst du ihn ein. Er lehnt an der gemauerten Wand und kratzt mit den Vorderpfoten an einer merkwürdigen Klappe, die dort eingelassen ist. Sie misst etwa achtzig mal sechzig Zentimeter und ist mit zwei Türen versehen, die sich seitlich aufschieben lassen. Du brauchst einen Moment, dann dämmert es dir: »Ein Speiseaufzug!«, rufst du begeistert. »›Den Weg des Nahrhaften gehen‹ – das kann nur bedeuten, wir sollen mit dem Speiseaufzug in ein anderes Stockwerk fahren!«

Aber deine Freude währt nur kurz. Als du die Schiebetüren öffnest, erwartet dich dahinter kein Lift, sondern ein leerer Schacht, in dem zwei stählerne Seile einsam in finstere Tiefen hinabbaumeln. Offenbar befindet sich die Aufzugskabine in einem Geschoss weit unter dir. Du entdeckst eine Knopfleiste mit Drückern für insgesamt vier Stockwerke und drückst auf den obersten …

Nichts passiert. Du drückst erneut. Wieder nichts. Du probierst einen der anderen Knöpfe. Keine Reaktion. Mist! Wahrscheinlich wurde das Haus schon lange vom Stromnetz genommen.
Ein Blick in den Schacht offenbart dir einen kleinen Generator, der an der Wand befestigt ist. Etwas Ähnliches hast du schon einmal gesehen: Es ist ein Dieselgenerator zur Stromerzeugung. Wenn noch etwas Kraftstoff drin wäre …
Du ziehst am Starter – und der kleine Motor erwacht ratternd zum Leben. Jetzt nur noch die Kabine rufen! Doch erneut tut sich nichts, als du einen der Knöpfe drückst. Wieder peilst du mit der Lampe in den Schacht, wo du rasch das Problem entdeckst: Auf der Rückseite der Knopfleiste befindet sich eine Buchse, in deren Nähe die Stecker von insgesamt vier Kabeln baumeln. Sie sind hoffnungslos verwirrt, ein chaotisches Knäuel aus ummantelten Drähten. Du vermutest, dass eines davon zum Generator führen sollte, es momentan aber nicht tut. Wenn du es wieder einstecken würdest, müsste der Lift funktionieren.

Weißt du, welches Kabel du einstecken musst, dann lies weiter auf der Seite mit dem betreffenden Symbol.

Das Schloss ist ziemlich verrostet, trotzdem gelingt es dir, den richtigen hineinzuschieben. Als du ihn vorsichtig drehst, klickt das Schloss, und die Metallspange springt in einer Wolke von Roststaub auf. Du schlägst das Buch auf. Jede Seite ist über und über mit einer peniblen kleinen Handschrift bedeckt. Bei genauerer Betrachtung kommt sie dir bekannt vor … Die handgeschriebenen Botschaften, die du im Haus gefunden hast, waren in derselben Schrift geschrieben!

Neugierig machst du dich an die Lektüre, die dir hoffentlich einen Weg aus diesem alten Kasten weisen wird. Da wird es plötzlich stockfinster! Panisch schüttelst du dein Smartphone, doch es gibt keinen Mucks mehr von sich. Der Akku ist endgültig leer!

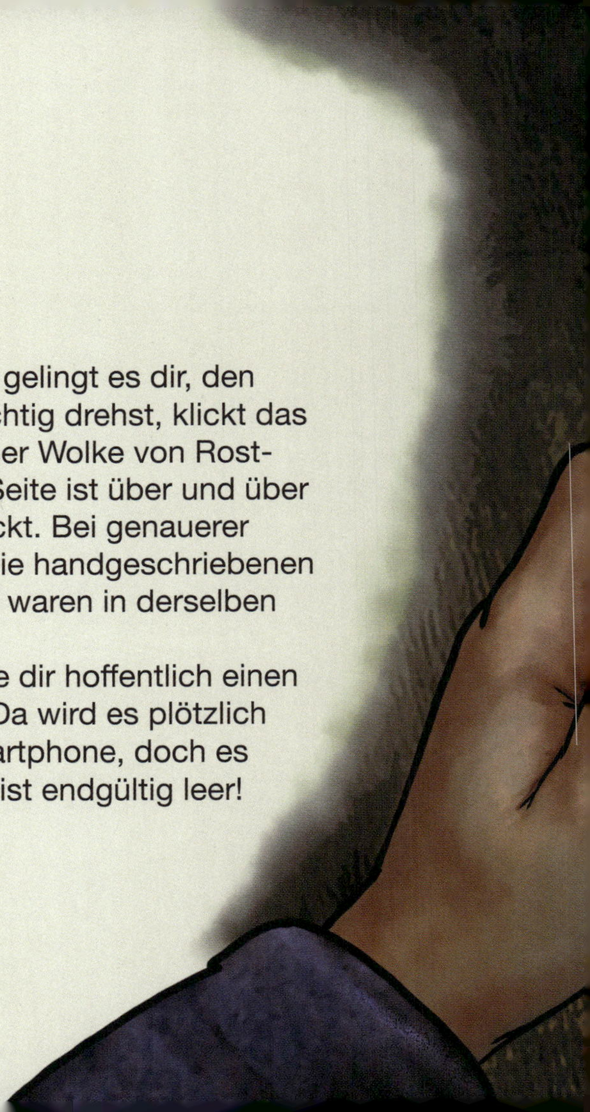

1952
LOCH NESS
CA
LXI

Durch die finstere Halle tastest du dich zur Kommode hinüber, wo du die Zündhölzer abgelegt hast. Du reißt eins an und schwenkst das erbärmlich flackernde Licht suchend in die Runde. Da! Auf einem Sideboard ganz hinten in der Halle stehen weitere Kerzenständer, etwas kleiner und unauffälliger als der silberne. Die Kerzen darin stellen sich als fast heruntergebrannte Stummel heraus. Du verbrauchst fünf weitere kostbare Zündhölzer, dann hast du insgesamt 25 Stummel zusammengetragen. Mit etwas Hitze lässt sich aus jeweils fünf davon eine kleine neue Kerze herstellen, von denen dir jede exakt 16 Minuten Lesezeit spenden wird.

Wie viele Minuten Lesezeit kannst du dir insgesamt verschaffen? Lies weiter auf der Seite, die der Anzahl der Minuten entspricht.

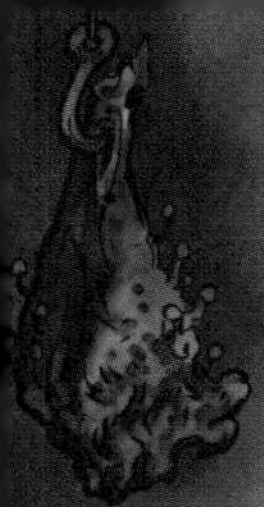

Als du selbst schon nicht mehr recht daran glaubst, erreichst du das Ende des Labyrinths: einen etwas größeren Raum, dessen Wände von grob gezimmerten Holzregalen eingenommen werden. Konservendosen, Einmachgläser, Flaschen und Tiegel reihen sich aneinander, Trockenwürste und Schinken baumeln an Haken von der Decke. Sie sind so alt und verschrumpelt, dass sie eher an ägyptische Mumien im Museum erinnern als an Lebensmittel.

Ein verstohlenes Rascheln lässt dich zusammenzucken. Du schwenkst dein Licht und siehst gerade noch einen rosigen Schwanz hinter einem Regalpfosten verschwinden. Ein nervöses Piepsen folgt. Ratten!

Immer noch besser als Gespenster, denkst du bei dir. Der Raum verfügt über keine Türen, Decke und Fußboden weisen keinerlei Klappen oder Falltüren auf. Sollte dein Fluchtversuch so schnell zu einem unrühmlichen Ende gelangt sein?

TRENNE DIE NÄCHSTE DOPPELSEITE AUF!

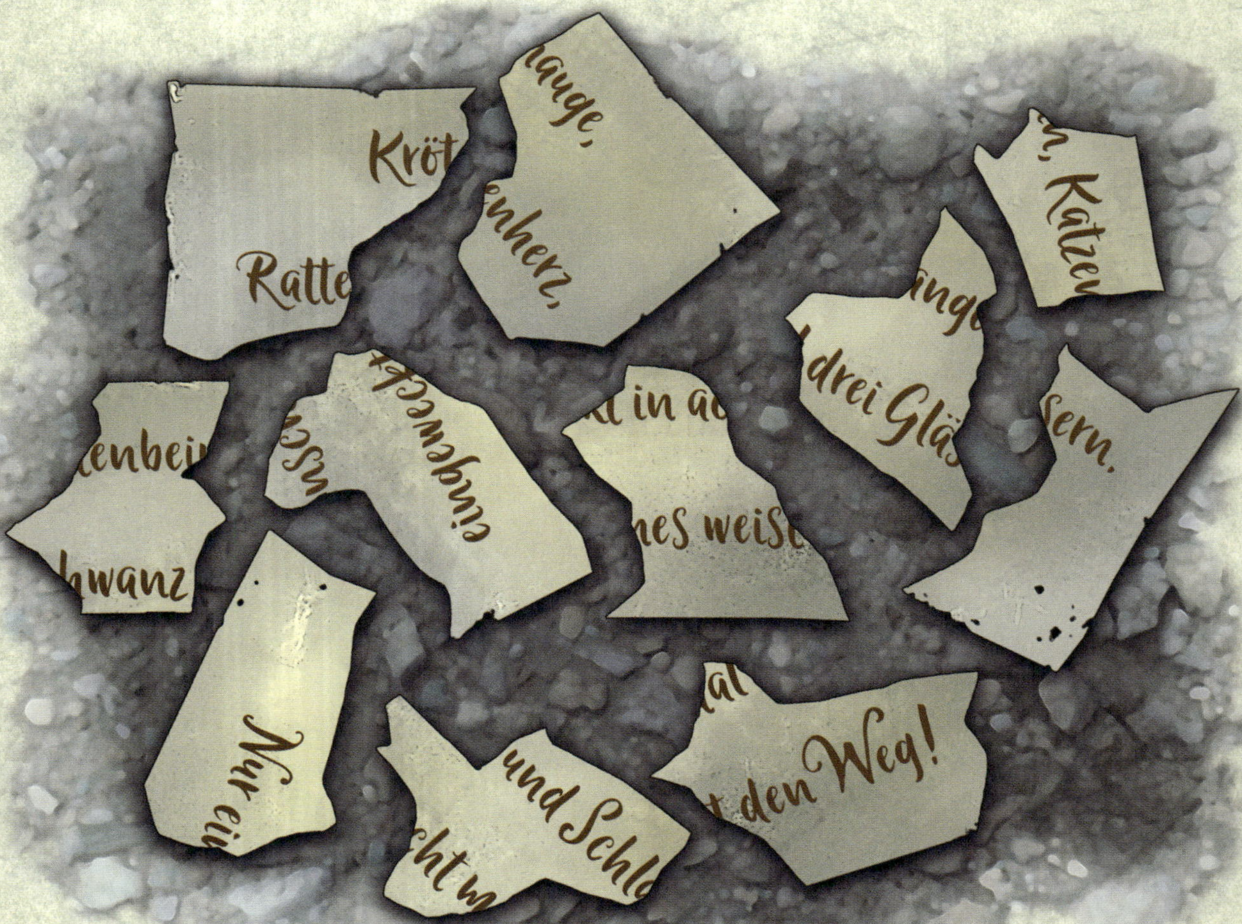
Kröt
Ratte
auge,
enherz,
n, Katzen
ange
drei Gläs
sern.
enbein
hwanz
eingeweckt
in a
nes weise
Nur ei
und Schle
cht m
al
t den Weg!

Robby zupft aufgeregt an deiner Hose. Er hat auf dem Boden, direkt neben deinen Füßen, etwas Interessantes gefunden, worauf er dich aufmerksam machen will.
Vor dir liegen knapp ein Dutzend Papierstücke. Sie haben eine unregelmäßige Form, allem Anschein nach gehörten sie einmal zu einem größeren Stück Papier, das jemand ungestüm zerrissen hat. Als du deine Lichtquelle senkst, kannst du verblichene Buchstaben erkennen. Der zerrissene Zettel enthält eine Nachricht!

Kannst du den Text rekonstruieren?
Wenn ja, erfährst du darin eine Zahl.
Lies weiter auf der betreffenden Seite.

Du stellst das Rad auf die Zahl ein, die auf dem Zettel angegeben ist. Es klickt, und die Bronzetür schwingt beinahe lautlos nach innen auf. Dahinter führt die Wendeltreppe weiter aufwärts. Nachdem du zwei, vielleicht auch drei Stockwerke emporgestiegen bist, enden die Stufen an einer Bretterwand. Du drückst probehalber mit der Schulter dagegen, und das Holz schwingt beiseite. Staunend trittst du in einen düsteren Raum hinaus.

Dein Lichtstrahl schweift über Bücher – Hunderte, Tausende von Büchern. Auf Regalen türmen sich bis unter die Decke dicke, uralt aussehende Wälzer, in Leinen oder Leder gebunden, die Rücken mit kunstvollen Prägungen und Schriftzügen versehen. Am anderen Ende der Bibliothek thront ein Kamin mit mächtigem Marmorsims. Darauf kauert ein Tier, kaum größer als Robby. Als du es mit der Lampe anstrahlst, funkelt es dich mit roten Augen heimtückisch an! In seinem geöffneten Maul blitzen Dutzende nadelspitze Zähne.

Erschrocken weichst du zurück. Dann begreifst du, dass das Tier gar nicht lebendig ist – es ist ausgestopft und steht auf einem Sockel aus Holz. Glasaugen haben das Licht deines Handys täuschend echt reflektiert. *»Beutelteufel, Tasmanien«*, besagt ein Schild auf dem Sockel. Neben dem Kamin gibt es eine schwere Eichentür. Hoffnungsvoll läufst du hin und packst den Knauf …

ZwE iUNDSie BZiGWEG eiNDi EFRE
ihE it, DO ChNU REi NeRST EhTDiR
ofFEN! DENA uSg aNGVERB iRg TEGN
bUCh, DeSS ENRÜCKENZE ig TEiNZiGDR
ei ELK RAu TEUN dLUAD rAT.

Verschlossen. Überraschung!
Mutlos drehst du dich wieder zu den Büchern um. Du stellst fest, dass das, was du beim Hereinkommen aufgedrückt hast, ebenfalls ein Bücherregal war – eine Geheimtür, getarnt hinter Büchern. Vor dem Kamin stehen zwei schwere Ledersessel sowie ein kleiner Lesetisch, alles dick mit Staub bedeckt. Auf dem Tischchen liegt ein Buch. Ein handgeschriebener Zettel ist als Lesezeichen zwischen die Seiten gelegt. Du ziehst ihn heraus und versuchst, ihn zu lesen. Doch schnell merkst du, dass das nicht so einfach ist:

Zwe iun dsie bzi gweg eindi efre ihe it, do chnu rei nerst ehtdi roffen! Dena usg angverb irg tein buch, dess enrüc kenze ig teinz igdre iec ke, ra ute nundqu ad ra te.

Kannst du den Text entziffern? Wenn ja, erhältst du darin eine Zahl. Lies weiter bei der entsprechenden Seitenzahl.

Hintereinander legst du die beiden Bretter quer über die gähnende Lücke. Als du das zweite platzierst, ist das verbleibende Loch noch etwa einen Meter breit. Du schluckst, klemmst dir Robby unter den Arm und springst!

Mit einem dumpfen Schlag kommst du auf der anderen Seite auf. Dicke Staubwolken hüllen dich ein – doch du bist sicher gelandet. Im selben Moment beginnt es über deinem Kopf schrill zu fiepen und zu pfeifen. Du spürst eine flatternde Bewegung dicht neben deinem Ohr. Begleitet von Robbys aufgeregtem Gebell, suchst du hastig zwischen einigen Möbeln Deckung und richtest dein Licht nach oben.

Über dir flattert eine dichte Wolke aus Dutzenden schwarz bepelzter Kreaturen, eine jede so groß wie eine fette Taube. Fledermäuse! Der Lärm deines Sprungs muss sie aufgeschreckt haben.

Die kleinen Biester sind zwar eklig, aber zum Glück harmlos. Du wartest, bis sie wieder in den Schatten des Dachgebälks verschwunden sind, dann siehst du dich um. Ringsum stapeln sich Truhen, Koffer, Kisten, verhängte und unverhängte Möbelstücke, ausgestopfte Tiere, Kleiderständer, Säcke und vieles mehr. Ein Leben würde nicht ausreichen, all dieses Gerümpel zu durchwühlen. Du machst dich stattdessen auf die Suche nach einem Weg nach unten.

Du entdeckst eine weitere Bodenklappe am anderen Ende des Speichers. Sie ist mit einem Vorhängeschloss verriegelt – aber du hast natürlich keinen Schlüssel!

31
23
15
52
40
60
17
8
12
30
38
18
58
86
14
19
16
54
10
27
70
48
49
32
21
20
64
52
89
11
33
28
5
39
81
71
66
44
25
49
41
37
72
75
7
71
31
99
6
77
N
W
O
S

Während du noch missmutig das Schloss anstarrst, fällt dir dicht daneben eine merkwürdige Ansammlung von Kratzern ins Auge. Du schaust genauer hin … tatsächlich: Jemand hat Buchstaben in das Holz der Bodenklappe geritzt! Du wischst den Staub ab, dann kannst du die Buchstaben entziffern. Da steht: *»Dies ist nicht dein Weg nach unten. Aber vielleicht findest du einen anderen, wenn du meiner Lieblingskiste einen Besuch abstattest? Sie steht östlich des Sofas und nördlich der alten Standuhr, direkt neben einem Sack, jedoch nicht neben einem ausgestopften Tier.«*

Findest du die Kiste? Wenn ja, lies weiter auf der Seite, die ihrer Nummer entspricht.

ist
falsch
mir ist
Nützliche
nicht

Mit angehaltenem Atem nimmst du den Deckel der vierten Dose ab … Nichts passiert! Kein lauter Knall, keine donnernde Explosion, die die Küche mit Robby und dir darin in kleine Fetzen zerreißt. Erleichtert leuchtest du mit deiner Lampe ins Innere der Dose.
Am Boden liegt ein kleiner, quadratischer Briefumschlag.
Du nimmst ihn heraus und öffnest ihn.

Der Brief ist in kleiner, ordentlicher Handschrift beschrieben. Dennoch merkst du schnell, dass du ihn nicht ohne Weiteres lesen kannst.

Wenn es dir gelingt, den Inhalt des Schreibens zu verstehen, lies weiter auf der Seite mit dem Symbol, das im Text erwähnt wird.

Beresterer Arattiricurus,

soro weireit birist duru aralsoro schoron gerekorommeren? Daras vererseretzt mirich irin Ererstaurauneren, araberer werer weireiß - vierielleireicht stereckt doroch merehr irin dirir, arals irich darachtere? Wirir worolleren sereheren, wierie duru dirich weireiterer schlärägst. Dierie närächstere Staratiorion aurauf deireinerer Suruchere irist derer Schrarank mirit derem Kreureuz aurauf derer Türür. Irin irihm berewarahrtere dierie serelirigere Mararthara, meireinere Köröchirin urund Haurausharältereririn, dierie Kriristarallgläräserer aurauf ...

Vieriel Glürück weireitererhirin!

Verwundert schüttelst du den Kopf. Die Nachricht auf dem Zettel muss Jahre, vielleicht Jahrzehnte alt sein. Wie sollte jemand damals schon gewusst haben, dass du eines Tages hier eingeschlossen sein und nach einem Ausgang suchen würdest? Unheimlich!

Das scheint auch Robby zu finden, der sich schutzsuchend an dich drückt und leise winselt. Du willst ihn beruhigen, als dir auffällt, dass sein angstvoller Blick auf die verschlossene Tür gerichtet ist. Du hältst den Atem an und lauschst … Tatsächlich: Auf der anderen Seite der Tür raschelt etwas! Dann kratzt etwas leise und verstohlen am Holz. Dein Herz setzt einen bangen Schlag aus, um anschließend mit doppelter Geschwindigkeit seine Arbeit wieder aufzunehmen. *Bestimmt bloß wieder Ratten*, redest du dir ein. Doch sicher bist du dir nicht. Rasch wendest du dich dem Bücherregal zu, das dem Lesetischchen genau gegenüberliegt …

Wie hieß es im Text auf dem Zettel: ein Rücken, der nur Rauten, Dreiecke und Quadrate zeigt? Der müsste doch zu finden sein …

Gelingt es dir, das gesuchte Buch zu finden, lies weiter bei der Seitenzahl, die auf seinem Einband steht.

18 57 22 49 81 71 60 106 98 126 109 42
28 84 6 101 132 111 51 116 83 24 125 102 122 104 130
73 95 9 27 15 35 26 8 16 84 127 59 60 14 31
7 3 79 113 2 67 76 81 6 37 47 4 5 27 28 131 103
34 11 62 86 52 5 68 99 25 108 70 112
123 80 73 77 119 105 23 41 20 71 48 78 117 46 129 121
32 1 8 22 9 5 107 4 81 22 24 85 120 83 51
7 28 69 82 52 30 83 26 45 71 75 2 44 67 115 31 124 69 43

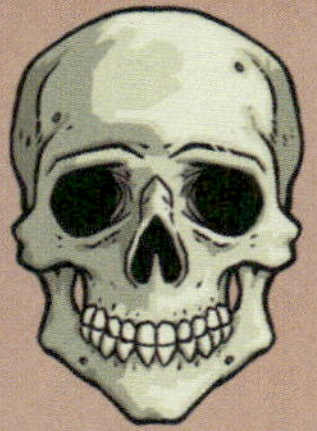

Du nimmst das einzige Einmachglas, dessen Inhalt von dem der anderen abweicht, aus dem Regal. Dahinter, an der hölzernen Rückwand, entdeckst du einen Kippschalter, der bisher vom Glas verdeckt war. Nach kurzem Zögern legst du ihn um. Plötzlich erzittern die Reihen der Gläser, dann schwingt das ganze Regal klimpernd an getarnten Scharnieren vorwärts. Dahinter kommt eine Tunnelöffnung zum Vorschein. Ein abgestandener, modriger Geruch weht dir entgegen. Du zögerst. Auch Robby scheint die Sache nicht recht geheuer zu sein. In diesem Augenblick ertönt aus dem Korridor hinter euch ein neues Geräusch: ein hohes, klagendes Heulen. Es klingt weder richtig menschlich noch nach einem Tier. *Ein Geist?* Du beschließt, nicht abzuwarten, bis sein Verursacher den Vorratsraum erreicht, und springst durch die Tunnelöffnung in den dahinterliegenden Gang. Im Laufschritt, mit eingezogenem Kopf, folgst du ihm um mehrere Kehren und Windungen …

Die Passage öffnet sich zu einem großen Gewölbe mit einer halbrunden, von Säulen getragenen Decke. Zwischen den Säulen liegen riesige Holzfässer vor den Wänden, jedes groß wie eine Gartenhütte. Ein Weinkeller! Rasch siehst du dich um. Außer mehreren Zentnern Staub und Spinnweben sowie den erwähnten Fässern findest du eine alte rostige Axt, die an einem Fass lehnt. Sonst nichts. Keine Tür, keine Luke in der Decke, kein Weg hinaus.
In diesem Moment heult es im Gang hinter dir wieder auf – hoch und heiser und

irgendwie *böse*. Ist es bloß das Echo im Tunnel, oder kommt das Geheul langsam näher? Verzweifelt siehst du dich um. Führt wirklich kein Weg hier hinaus?

Wenn du einen Verdacht hast, wo sich ein Ausgang aus dem Kellergewölbe befinden könnte, lies bei der entsprechenden Nummer weiter.

Verwirrt betrachtest du den großen Schrank. In seine Türen ist ein Kreuz aus weißem Elfenbein eingelassen.
Was soll dieser Brief? Dein Name lautet nicht Atticus, und du bist auch noch nie so genannt worden. Die Nachricht ist also nicht für dich bestimmt. Dennoch scheint ihr Verfasser genau zu wissen, was du bisher durchgemacht hast und dass du verzweifelt nach einem Weg in die Freiheit suchst. Bernie Brock und seine Kumpels hast du mittlerweile längst von der Liste der möglichen Verursacher gestrichen. Keiner von denen wäre intelligent genug, sich derartige Rätsel und Fallen auszudenken! Nur … wer steckt dann hinter der ganzen Sache?
Nachdenklich gehst du zum Schrank hinüber.

Der Schrank ist abgeschlossen, sein Türschloss wirkt allerdings ziemlich primitiv. Du bist zuversichtlich, dass du es mit einem Stück aus dem Küchenbesteck knacken könntest. Dummerweise hat die Köchin, die hier einst arbeitete – Martha –, die Griffe der Türen zusätzlich mit einem Fahrradschloss gesichert. Vielleicht, damit der Hausherr zwischen den Mahlzeiten nichts aus dem Schrank naschen konnte?
Die Fahrradkette ist alt, aber dank ihres Gummiüberzugs nicht verrostet. Das Schloss wird mit einer Zahlenkombination geöffnet … die du leider nicht kennst. Enttäuscht willst du dich vom Schrank abwenden, da fällt dein Blick auf den Boden. Ein Zettel ist zur Hälfte unter einem Fuß des Schranks eingeklemmt! Du ziehst daran, und er kommt hervor – allerdings nicht ganz: Die unterste Ecke reißt ab und bleibt unter dem zentnerschweren Möbel stecken. Bei dem Zettel scheint es sich um eine Notiz der Köchin Martha an sich selbst zu handeln.

Ob die Zahl der benötigten Gläser einen Hinweis auf die Zahl gib die das Zahlenschloss öffnet? Dir bleibt nichts anderes übrig, a es auszuprobieren. Lies weiter auf der Seite, die der Anzahl der benötigten Champagnergläser entspricht.

Nicht vergessen: unbedingt Champagnerkelche nachkaufen!
Letztes Wochenende waren die russischen Kollegen des
Professors wieder zu Besuch. Sie haben noch immer die
unselige Angewohnheit, nach jedem Anstoßen mit einem
Gegenüber ihr geleertes Glas in den Kamin zu schleudern -
immer wieder, bis sie mit jedem Anwesenden einmal
angestoßen haben! Lediglich der Professor machte bei
ihrem kindischen Ritual nicht mit - er weigerte sich, auch
nur mit einem von ihnen das Glas klingen zu lassen. Fünf
der Herren waren am Samstag zum Dinner hier, also
brauche ich diesmal

Mit angehaltenem Atem betätigst du die Kurbel. Das Gitter öffnet sich – und der Amboss bleibt, wo er ist! Erleichtert folgst du dem schmalen Gang hinter dem Gitter. Er biegt um eine Ecke und endet vor einer Holztür. Sie ist nicht verschlossen. Du drückst sie auf und trittst hindurch. Neugierig schwenkst du dein Licht in die Runde – und erkennst die Umgebung sofort wieder: Dies ist die Eingangshalle des Anwesens! Du hast es zurück ins Erdgeschoss geschafft.

Sofort siehst du dich nach Falltür und Ritterrüstung um. Die Klappe in den Keller steht nach wie vor offen. Als du sie untersuchst, entdeckst du auch den Trittschalter, den du beim Drauftreten ausgelöst hast. Vorsichtig näherst du dich der Rüstung, immer bereit, beim kleinsten Anzeichen von Gefahr wegzulaufen. Doch nichts geschieht. Als du auf ein paar Schritte heran bist, siehst du, dass dünne Drähte an den Armen des Blechanzugs befestigt sind. Sie verschwinden hoch droben in der Decke. *Deshalb* hat sich der Ritter bewegt – dieser Mechanismus war mit dem der Falltür gekoppelt. Wer denkt sich nur so etwas aus? Und wozu? Egal, du willst momentan nur eins: hier raus! Gefolgt von Robby, der aufgeregt mit dem Schwanz wedelt, läufst du zur Haustür. Doch was ist das? Sie ist verriegelt! Als du kamst, war sie noch offen. Ob das ein Nebeneffekt der ausgelösten Falle ist? Verärgert checkst du das Display deines Handys. Noch immer kein Empfang! Die dicken Mauern ringsum und das ohnehin schwache Netz vor der Stadt machen dir einen Strich durch die Rechnung. Du bist nach wie vor gefangen!

Wütend schlägst du mit der Faust gegen die Tür. Dabei fällt dein Blick auf ein kleines Messingschild mit verschnörkelter Gravur.

Vermagst du diesen Sätzen einen Hinweis zu entnehmen, dann weißt du, bei welchem Symbol du weiterlesen musst.

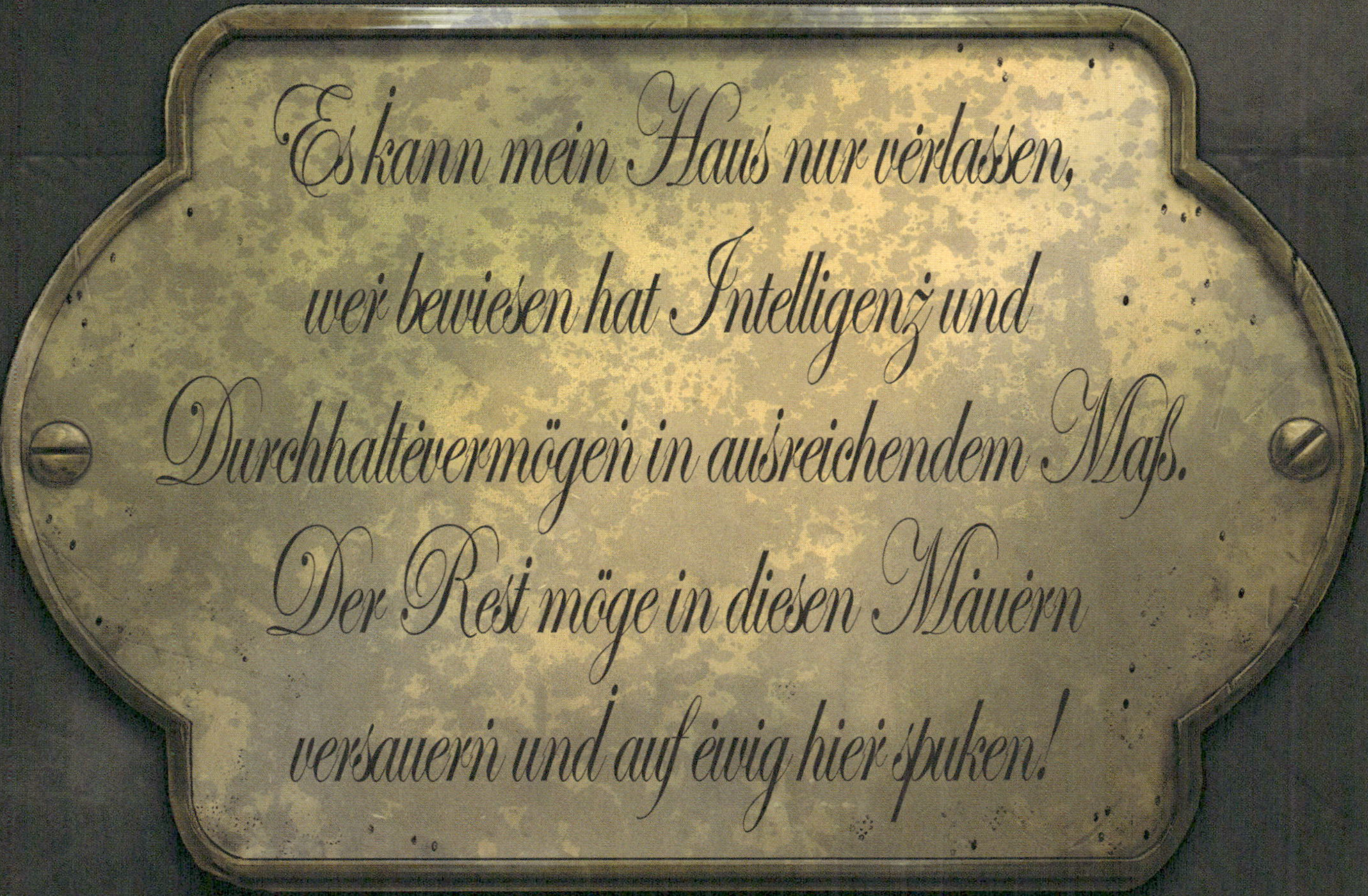
Es kann mein Haus nur verlassen,
wer bewiesen hat Intelligenz und
Durchhaltevermögen in ausreichendem Maß.
Der Rest möge in diesen Mauern
versauern und auf ewig hier spuken!

Kaum hast du den Stecker des Kabels eingesteckt, da leuchtet vorne auf der Knopfleiste ein grünes Licht auf. Du drückst erneut den Rufknopf für das oberste Geschoss – und kannst dein Glück kaum fassen, als sich die Apparatur quietschend und rasselnd in Bewegung setzt! Eine rechteckige Kiste erscheint in der Öffnung, gerade groß genug für Robby und dich, wenn du dich mit angezogenen Beinen hineinquetschst. Gesagt, getan. Als ihr beide in der Box kauert, greifst du nach draußen und drückst den untersten Knopf auf der Leiste. Der Aufzug sollte euch jetzt ins Erdgeschoss bringen, wo ihr hoffentlich einen Weg nach draußen findet.

Unter ohrenbetäubendem Gerumpel setzt sich der Aufzug in Bewegung. *Hoffentlich reißt das Kabel nicht!*, fährt es dir durch den Kopf. Doch da kommt der Lift bereits knirschend zum Stehen. Du sitzt einen Moment atemlos in der Finsternis, dann öffnest du die Schiebetür, die in diesem Geschoss natürlich geschlossen ist, und kletterst ins Freie.

Du findest dich in einer altmodischen Küche wieder. Über einem riesigen stählernen Herd baumeln rostige Schüsseln und Pfannen von der Decke, Reihen von Tellern und Tassen stehen hinter angelaufenen Vitrinenfenstern aufgereiht. Ein mächtiger Schrank nimmt die hintere Wand ein. Die Fenster sind von außen vernagelt, die Luft riecht abgestanden, mit einer Andeutung von gekochtem Kohl und merkwürdigen Gewürzen.

Am entgegengesetzten Ende des Raums gibt es eine Tür.

Aufgeregt läufst du hin …

1
Das Nützliche ist in Dose 2
2
Dose 3 enthält das Nützliche
3
Etikett 2 ist falsch
4
In mir ist das Nützliche nicht

Die Tür ist abgeschlossen. Was auch sonst?
Enttäuscht siehst du dich in der Küche um. Zunächst findest du nichts außer Geschirr, Besteck und ein paar seit Urzeiten vergammelten Lebensmitteln. Dann stößt du auf etwas Interessantes: Auf einer Anrichte stehen vier schwere Vorratsdosen aus weißer Keramik. Du willst schon den Deckel der ersten abnehmen, um einen Blick hineinzuwerfen, als dir ein Zettel auffällt, der unter die Dose geschoben wurde. Darauf steht:

DREI DIESER GEFÄSSE ENTHALTEN EINE SPRENGLADUNG.
SIE WIRD AUSGELÖST, SOBALD MAN DEN DECKEL ABNIMMT.
EINE DOSE ENTHÄLT ETWAS ÜBERAUS NÜTZLICHES.

PS: NUR EINS DER ETIKETTEN IST WAHRHEITSGEMÄSS BESCHRIFTET.

Welche Dose willst du öffnen? Lies weiter auf der Seite mit dem entsprechenden Symbol.

Ein Kerzenständer? Ein großer aus Silber stünde ein paar Schritte links von dir auf einer Kommode. Du untersuchst ihn … Nichts zu finden. Vielleicht musst du die Kerzen anzünden?

Du durchstöberst die Schubladen der Kommode und stößt auf ein Päckchen Zündhölzer. Als du die erste Kerze zur Hand nimmst, um den Docht zu entzünden, fällt dir auf, dass sie sich sonderbar anfühlt, gar nicht wie Wachs. Du untersuchst sie erneut und stellst fest, dass es sich um Attrappen aus gerolltem Papier handelt. Sonderbar.

Nacheinander dröselst du alle drei Kerzen auf. Die ersten beiden bestehen aus alten Zeitungen. Die dritte dagegen stellt sich als etwas Interessantes heraus …

Du hältst einen Plan der Eingangshalle in der Hand, in der du dich gerade befindest. Neben Wänden, Möbeln und der Treppenempore sind rund 20 nummerierte Punkte darauf verzeichnet. Erneut schaust du dich in der Halle um, doch an den Stellen, wo die Punkte eingetragen sind, ist nichts Besonderes zu erkennen. Am unteren Rand der Karte fallen dir einige Zeilen aus winzig kleinen Buchstaben und Zahlen ins Auge.

Wenn du weißt, was hier zu tun ist, lies weiter bei der Seitenzahl, auf die das Rätsel dich verweist.

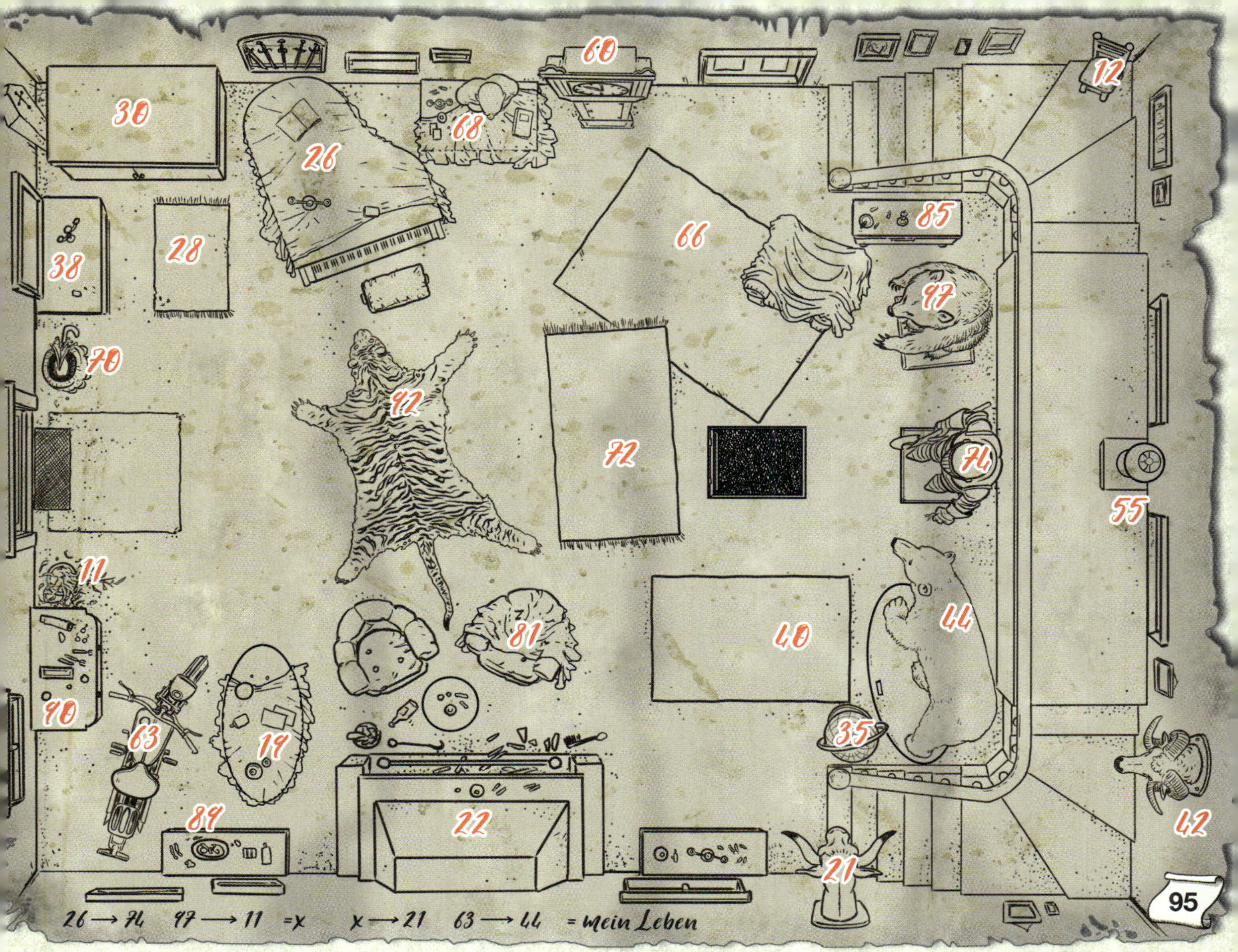
60
12
30
26
68
85
66
28
38
97
70
92
72
74
55
11
40
44
81
90
63
19
35
42
89
22
21
26 → 74 97 → 11 = x x → 21 63 → 44 = mein Leben

Im zuckenden Kerzenlicht liest du in Viktor von Harkensteyns Tagebuch. Du erfährst, dass er ursprünglich Professor für Biologie und Zoologie war und vor über 30 Jahren an der nahe gelegenen Uni unterrichtete. Später verlagerte er seinen Forschungsschwerpunkt in einen Bereich, der Kryptozoologie genannt wird – die »Lehre der verborgenen Tierwelt«. In den folgenden Jahren suchte Harkensteyn auf der ganzen Welt nach Beweisen für die Existenz geheimnisvoller Tiere, darunter das Seeungeheuer von Loch Ness, der mexikanische Chupacabra oder Yeti, der Schneemensch. Mehrmals gelangen ihm dabei spektakuläre Bild- und Tonaufnahmen.
Als Harkensteyn älter wurde, setzte er sich in diesem Haus, das vormals einem Zauberkünstler gehört hatte, zur Ruhe. Er dekorierte es mit all den zoologischen Kuriositäten, die er über die Jahre zusammengetragen hatte, siedelte sogar eine seltene südamerikanische Fledermausart auf seinem Speicher an und schrieb an einer Abhandlung mit dem Titel »Unbekannte Tierwelt«.
Im Alter von 82 Jahren drangen Berichte über die legendäre »Riesenratte von Sumatra« an Viktors Ohr, eine mysteriöse Kreatur, die angeblich in Indonesien gesehen worden war. Dieser Sache musste er nachgehen. Er ahnte, dass dies seine letzte Expedition werden könnte, daher traf er Vorkehrungen für den Fall, dass er nicht zurückkehren würde. Sein einziger lebender Verwandter, ein als Faulpelz und Verschwender bekannter Neffe namens Atticus, sollte sein Haus erben – jedoch sollte er zuvor beweisen, dass er dieses kostbaren Geschenks würdig sei.
Kryptozoologie … Erforschung geheimnisvoller Tiere … ein Neffe namens Atticus? Allmählich setzen sich die Puzzleteile in deinem Kopf zusammen. Gebannt liest du weiter.
Viktor hinterließ einen letzten Willen: Für den Fall, dass er nicht lebend zurückkehrte, sollte man Atticus auftragen, eine Nacht im Harkensteyn-Anwesen zu verbringen. Wenn der junge Mann

am folgenden Morgen beim Notar erschiene, würde ihm das Haus mit allem, was sich darin befände, überschrieben.
Du begreifst: Um Mut und Intelligenz seines Neffen zu testen, muss Viktor von Harkensteyn das ohnehin mit Geheimgängen vollgestopfte Haus mit unzähligen technischen Spielereien versehen haben: Falltüren, ferngesteuerten Ritterrüstungen, automatisch abgespielten Tiergeräuschen, ausgestopften Präparaten und Skeletten. Sollte sich der junge Mann hieraus befreien, durfte er das Erbe antreten.
Doch alles kam anders. Als Professor von Harkensteyn nicht aus Sumatra zurückkehrte, konnte der Notar Atticus offenbar nicht aufspüren, oder der junge Mann hatte kein Interesse an den Hinterlassenschaften seines Großvaters. Die Einzigen, die in den folgenden Jahren in Kontakt mit den unheimlichen Schreckmechanismen kamen, waren Außenstehende wie der Makler, das Ehepaar, das eine Nacht hier verbrachte … und *du!* Ohne es zu ahnen, hast du bei deinem Eindringen den Testparcour aktiviert, der eigentlich für Atticus bestimmt war. Alles, was seitdem passiert ist, ergibt damit endlich einen Sinn!
Als du am hinteren Buchdeckel ankommst, haucht die letzte deiner Kerzen rußend ihr Leben aus. Zum Glück geht draußen, vor den vernagelten Fenstern, die Sonne auf. Dünne Lichtstrahlen tasten sich durch die Ritzen zwischen den Brettern nach drinnen. Sie erhellen eine unauffällige lederne Klappe im hinteren Buchdeckel. Du öffnest sie – und findest einen schweren eisernen Schlüssel! Sollte es der sein, den du brauchst?
Du springst auf und rennst zur Haustür …

STOPP!!!

WIE VIELE RÄTSEL HAST DU AUF DEINEM WEG LÖSEN KÖNNEN?
Zähle alle Kreuze, die du in der vorderen bzw. hinteren Umschlagklappe des Buches gemacht hast. Für jedes Kreuz in der vorderen Umschlagklappe notiere einen Punkt, für jedes Kreuz in der hinteren Umschlagklappe schreibe zwei Punkte auf. Addiere beide Ergebnisse und subtrahiere die erhaltene Summe von 60.

- Beträgt das Resultat **40 oder mehr**, lies weiter auf **Seite 104**!

- Beträgt das Resultat **weniger als 40**, lies weiter auf **Seite 100**!

Der Schlüssel passt – aber er lässt sich nicht drehen! Offenbar war eines der Rätsel, die du auf deinem Weg nicht gelöst hast, mit einem Mechanismus verbunden, der jetzt dafür sorgt, dass die Haustür verschlossen bleibt. Verzweifelt trommelst du mit den Fäusten gegen das unnachgiebige Holz. Wenn deine Eltern doch nur wüssten, wo du steckst! Doch du hast ihnen keine Nachricht hinterlassen – klar, schließlich wolltest du nach höchstens einer Stunde wieder zu Hause sein.

Irgendwann in den kommenden Tagen werden deine Eltern vielleicht beginnen, sich in der Schule umzuhören. Vielleicht werden sie mit Bernie Brock sprechen. Vielleicht wird er ihnen von eurer Wette erzählen. Vielleicht wird jemand schlau genug sein, zwei und zwei zusammenzuzählen, im Harkensteyn-Anwesen nach dir suchen und dich finden, bevor du jämmerlich verhungert und verdurstet bist. Aber tief in deinem Innern ahnst du, dass das sind ziemlich viele »Vielleichts« sind …

ENDE

Der Schlüssel passt und lässt sich ohne Mühe drehen. Als du die Tür öffnest, kannst du dein Glück kaum fassen: Warme Morgensonne strahlt dir ins Gesicht. Du hast es geschafft – du bist aus dem »Haus der Geister entkommen!

Am folgenden Montag berichtest du in der Schule von deinen Erlebnissen. Natürlich glaubt Bernie Brock dir kein Wort. Wo das Beweisfoto sei, das du drinnen machen solltest? Dafür, dass dein Handy-Akku den Geist aufgegeben hat, bringt B.B. keinerlei Verständnis auf.

Zum Glück hast du tags zuvor beim Verlassen des Hauses Viktor von Harkensteyns Tagebuch mitgenommen. Am Nachmittag bringst du es gemeinsam mit deinen Eltern auf die Stadtverwaltung, wo man es mit großem Interesse untersucht. Endlich wird das Rätsel um das Verschwinden des Wissenschaftlers aufgeklärt!

Als ihr das Rathaus verlasst, empfangen euch vor dem Gebäude bereits Vertreter der Presse, die Wind von der Story bekommen haben. Du darfst das erste Interview deines Lebens geben, und am

folgenden Morgen prangt dein Foto neben einem Bild des Geisterhauses in der Zeitung. Der Bericht schildert dein nächtliches Abenteuer in allen Einzelheiten. Nun kann selbst Bernie nicht mehr in Abrede stellen, dass du mutig genug warst, das »Haus der Geister« zu besuchen. Zähneknirschend überlässt er dir seinen Wetteinsatz: sein brandneues Tablet. Du kannst stolz auf dich sein. Das hast du gut gemacht!

ENDE

Ein weiteres Escape-Room-Abenteuer:
Leseprobe aus »*FLUCHT AUS* ... der Vergangenheit«

ISBN 978-3-8458-3978-3

»HEUREKAAAA! ICH HAB'S GESCHAAAAFFT!«
Die sich überschlagende Stimme ist so laut, dass du das Handy kurz von deinem Ohr entfernen musst. Hättest du nicht beim Klingeln gesehen, um wen es sich bei dem Anrufer handelt, du hättest Probleme, die Person am anderen Ende zu erkennen.
»Onkel Ethan? Bist du das?«, vergewisserst du dich.
»ES HAT GEKLAPPT – ICH WAR DORT!«, brüllt die Stimme, als hätte sie deine Frage gar nicht gehört. »ICH HABE *GEWUSST*, DASS ES MÖGLICH IST!«
Du kannst ein Grinsen nicht unterdrücken. Professor Ethan Tusk, der Cousin deiner Mutter, gilt als Sonderling – und das nicht zu Unrecht. In erster Linie liegt das an seinem Beruf: Onkel Ethan ist Erfinder, und zwar einer der produktivsten der Welt. Nebenbei ist er ein bisschen verrückt. Aber gerade diese Kombination macht ihn in deinen Augen zum coolsten Angehörigen deiner ganzen

Familie. An Wochenenden oder wie jetzt in den Ferien besuchst du ihn regelmäßig und schaust dir seine neuesten Apparate und Maschinen an. So aufgeregt wie heute hast du ihn in all den Jahren allerdings noch nie erlebt.
»Beruhige dich, Onkel Ethan«, versuchst du es noch einmal. »Was hat geklappt? Was ist möglich?«
»Der PorZeiTrans! Die erste tragbare Zeitmaschine der Welt! Und sie funktioniert! Ich war dort.«
»Du warst wo?«
»In der Urzeit!« Professor Tusks Stimme überschlägt sich fast. »Triceratops! T-Rex! Pteranodon! Ich habe sie gesehen. Mit meinen eigenen Augen.«
»Du warst wirklich und wahrhaftig in der Urzeit?«, vergewisserst du dich. »Mit diesem … Dings, das du erfunden hast?«
»Dieses ›Dings‹, wie du dich auszudrücken beliebst, ist zufälliger-

weise die größte Erfindung der Menschheit. Und *du* wirst der zweite Mensch sein, der meine bahnbrechende Erfindung ausprobieren darf!«
»Ich?« Du reißt die Augen auf. Wäre es möglich, dass …? Das wäre ja was – einmal einen lebenden, atmenden Apatosaurus mit eigenen Augen sehen!
»Ich bin dabei!«, rufst du. »Was muss ich tun?«

…

STRENG GEHEIM: DIE LÖSUNGEN

Du kannst ein Rätsel nicht knacken? Hier findest du die Lösung.
(Vergiss nicht, jede genutzte Hilfe mit einem Kreuz zu versehen!)

SYMBOL	LÖSUNG	X
	Das Labyrinth endet in Raum 56.	
	Der Text lautet: »Krötenbein, Katzenauge, Rattenschwanz und Schlangenherz, eingeweckt in acht mal drei Gläsern. Nur eines weist den Weg!« Die gesuchte Zahl ist 24.	
	Glas Nr. 76 enthält als einziges einen vom Text abweichenden Inhalt.	
	Der Zapfhahn des Fasses mit der Nummer 36 sitzt zu hoch, das Fass kann nicht echt sein.	
	Auf dem Zettel steht: »Der Code lautet sechzig.«	
	Der Text lautet: »Zweiundsiebzig Wege in die Freiheit, doch nur einer steht dir offen! Den Ausgang verbirgt ein Buch, dessen Rücken zeigt einzig Dreiecke, Rauten und Quadrate.«	
	Der gesuchte Band trägt die Nummer 44.	
	Die Summe der geeigneten Bretter beträgt 64.	
	Die gesuchte Kiste trägt die Nummer 32.	